석호필

3·1운동을 세계에 알린 스코필드 박사 이야기

참고문헌

이장락 지음, 《민족대표 34인 석호필》, 바람, 2007
KIATS 제작, 이한나 그림, 《우리의 친구 스코필드》, KIATS, 2014
프랭크 윌리엄 스코필드 지음, KIATS 번역팀 번역, 《프랭크 스코필드》, KIATS, 2014
정운찬·탁지일·천명선·신규환 지음, 연세대학교 의학사연구소 엮음, 《세브란스인의 스승, 스코필드》, 역사공간, 2016

웹사이트

네이버 지식백과 http://terms.naver.com
(사)호랑이 스코필드 기념사업회 http://www.schofield.or.kr

사진 제공

(사)호랑이 스코필드 기념사업회

도토리숲 문고 04

석호필, 3·1운동을 세계에 알린 스코필드 박사 이야기

초판 1쇄 펴낸 날 2019년 3월 15일
초판 2쇄 펴낸 날 2020년 4월 11일

지은이 김일옥 | **그린이** 오승민

펴낸이 권인수
펴낸곳 도토리숲
출판등록 2012년 1월 25일(제313-2012-151호)

주소 | (우)03958 서울시 마포구 망원로 19 참존1차아파트 501호
전화 | 070-8879-5026 **팩스** | 02-337-5026 **이메일** | dotoribook@naver.com
블로그 | http://dotoribook.blog.me

기획 권병재 | **편집** 김윤겸 | **디자인** 김은란

글 ⓒ 김일옥 2019, 그림 ⓒ 오승민 2019

ISBN 979-11-85934-44-0 74810
　　　979-11-85934-08-2 (세트)

* 이 책은 저작권법에 따라 보호를 받는 저작물이므로, 무단 전재와 무단 복제를 금하며,
  이 책에 실린 내용을 이용하시려면 반드시 저작권자와 도토리숲의 동의를 받아야 합니다.
* 책값은 뒤표지에 있습니다.
* 이 도서의 국립중앙도서관 출판예정도서목록(CIP)은 서지정보유통지원시스템 홈페이지
  (http://seoji.nl.go.kr)와 국가자료종합목록시스템(http://www.nl.go.kr/kolisnet)에서 이용
  하실 수 있습니다. (CIP제어번호 : CIP2019005422)

※ 어린이 안전 특별법에 의한 제품 표시

품명 도서 / **제조자명** 도토리숲 / **주소** 서울시 마포구 망원로 19 / **연락처** 070-8879-5026
최초 제조연월 2019년 3월 / **제조국** 대한민국 / **사용연령** 8세 이상

석호필

3·1운동을 세계에 알린 스코필드 박사 이야기

김일옥 글 ― 오승민 그림

 작가의 말

우리나라를 조국보다 더 사랑한 스코필드 박사를 떠올리며

2019년, 올해는 3·1 만세 운동이 일어난 지 100년이 되는 해입니다. 역사의 시간으로 볼 때는 바로 어제 같은데, 우리 삶의 시간으로 볼 때는 아주 먼 옛날이야기지요. 우리 할머니 할아버지의 엄마, 아빠가 살아왔던 시대입니다. 결코 먼 시대의 이야기가 아니지요.

어렵고 힘든 시기였지만, 이 시대의 사람들이 얼마나 치열하고 열심히 살았는지 그들의 삶이 저를 감동하게 했어요. 언뜻 보면 보잘것없어 초라하기만 했는데, 자세히 그들의 삶을 들여다보니 너무나도 아름다웠어요. 한 사람 한 사람, 모든 사람이 다 그러하더군요. 들여다보지 못하면, 알려고 하지 않으면, 결코 보여주지 않는 시대의 이야기입니다. 저의 어설픈 글솜씨로 여러분의 감동을 방해하고 싶지 않아 자세히 쓰진 않을게요. 다만 그 시대의 사람들은 나 자신을 위해 그렇게 열심히 살았던 게 아니었다는 것만 알려 드릴게요. 나보다는 우리를 위해, 우리는 지금 힘들지만 이 땅에서 살아간, 그리고 살아가야 할 우리의 후손들은 더 행복한 세상에서 살길 바랐던 거예요. 그게 왜 감동이었는지 여러분들이 직접 느껴보길 간절히 바랍니다.

아마도 이 글의 주인공인 선교사 스코필드도 그런 조선 사람들의 모습을 사랑한 게 아니었을까 생각합니다. 가난하지만 착하고, 용감하고, 또 엄청나게 배움을 갈망하는 사람들이요.

어떤 사람들은 3·1 만세 운동이 실패한 운동이라고 말합니다. 3·1 만세 운동으로 당장 우리나라가 독립을 이룬 게 아니니까요. 하지만 모든 역사는 한순간에 바뀌는 게 아니더군요. 3·1 만세 운동으로 많은 사람들의 생각이 바뀌었고, 삶이 바뀌었고, 결국 역사도 바뀌었습니다. 3·1운동은 운동이 아니라 성공한 혁명이었습니다. 그 혁명을 위해 수많은 사람의 희생이 있었고 좌절이 있었지만, 결국 혁명은 성공하여 오늘 우리가 여기에 있게 만들었습니다.

3·1 혁명과 그 희생의 상징적인 제암리 학살 사건을 세계에 알려 준 스코필드 박사님의 노력에 다시 한번 감사의 마음을 전하고 싶습니다. 스코필드 박사님은 옳다고 믿는 것은 옳은 것이기에 힘써 행하고, 그 어떠한 어려움도 이겨나갔습니다. 온전히 박사님의 삶으로 우리에게 많은 것을 보여주고 전해 주신 분이지요. 이 땅에 와서 그 누구보다 우리를 사랑해 준 스코필드 박사님, 감사하고 사랑합니다.

국립묘지에 안장되신 스코필드 박사님을 다시 한번 더 떠올리며...

김일옥

 차례

작가의 말

내 이름은 석호필　　9

이갑성 선생을 만나다　　19

3월 1일 파고다 공원　　29

제암리에서 벌어진 일　　42

진실을 알려야 해　　58

8호실 사람들을 만나다　　70

도쿄 선교사 대회에 가다   81

안절부절못하는 일본   94

저, 꼭 돌아올겁니다   102

1920년 이후 스코필드 박사의 활동   110

석호필 박사 연표   116

석호필 박사가 만난 인물들   120

내 이름은 석호필

나는 강하고 굳센 호랑이와 같은 마음으로
조선 사람에게 필요한 사람이 되겠다.

1917년, 조선에 온 지 일 년이 지났다.

아내 엘리스는 조선에서의 생활을 낯설어하며 힘들어했다. 임신한 몸으로 병까지 얻어 결국 캐나다로 돌아가야만 했다. 엘리스는 내가 조선 사람들을 지나치게 사랑한다고 했다. 솔직히 나도 왜 이렇게 조선 사람들을 사랑하는 지 알 수 없었다.

조선 사람들은 눈빛이 선하고 순박하다. 하지만 의지가 굳건하고 정이 많다. 나는 조선 사람들에게 온 마음을 빼앗긴 것 같다.

나는 아홉 살 때 처음 조선이라는 나라가 있다는 걸 알았다. 아버지는 영국 클리프대학에서 학생들을 가르쳤다. 학교에는 동양에서 유학 온 학생들도 몇 명 있었다.

유학생들은 가끔 우리 집에 왔는데, 조선에서 온 여병현이라는 학생도 있었다.

나는 처음에는 여병현 씨가 중국이나 일본에서 온 줄 알았다. 내가 아시아에서 아는 나라라고는 중국과 일본뿐이었다.

여병현 씨의 인상이나 무척이나 좋아서 나는 조선도 막연하게 좋은 곳이라 생각했다. 여병현 씨는 조선이 내가 살고 있는 영국 베슬로 마을과 비슷하다고 했다.

나는 여병현 씨의 인상이 무척이나 좋아서, 조선도 좋은 곳이라고 막연하게 생각했다.

내가 영국에서 캐나다로 건너가서 토론토대학교 온타리오 수의과대학에서 일하고 있을 때였다. 1916년 조선에서 온 편지 한 통을 받았다. 조선에서 세브란스 의학전문학교 교장으로 있는 에이비슨 박사가 보낸 편지였다. 에이비슨 박사는 1893년에 조선에 가서 선교 사업을 하면서 세브란스 의학전문학교 교장을 맡고 있었다.

편지는 세브란스 의학전문학교에 세균학을 가르칠 교수가 필요하다고 했다. 환경이 어렵고 많은 인내심이 필요한 자리이지만, 내가 조선에서 학생들을 가르치러 오면 좋겠다는 내용이었다.

나는 편지를 읽자마자, 조선에 가서 학생들을 가르치고 싶은 마음이 불타올랐다. 하지만 나를 알고 있는 동료 교수와 친구들이 반대했다.

"스코필드, 안정된 대학교수와 편안한 삶을 버리고, 머나먼 아시아의 작은 땅으로 간다고?"

"건강한 사람도 힘에 부치는 일이야. 자네는 소아마비를 앓아 오른쪽 다리와 왼팔이 불편하잖은가?"

"굳이 그 먼 곳까지 갈 필요가 있을까? 자네는 여기서도 할 일이 많네."

"이제 결혼한 지 이제 겨우 일 년이야. 우선 여기서 자리를 좀 잡은 뒤 가는 건 어떤가?"

그래도 나는 흔들리지 않았다.

나는 아내 엘리스와 함께 출발하였다. 조선으로 가는 길은 멀었다. 캐나다 온타리오에서 미국 샌프란시스코까지 기차를 타고 갔다.

샌프란시스코에서 배를 타고 태평양을 건너 일본으로 간 다음, 드디어 조선의 부산항에 도착했다. 부산에서 서울까지는 기차로 가야만 했다.

캐나다에서 서울까지 오는 데 두 달이라는 시간이 걸렸다.

서울역에 도착하자, 에이비슨 박사와 세브란스 의학전문학교 선생님들이 마중을 나와 있었다.

"스코필드 박사님, 오시느라 힘드셨지요. 어서 오세요."

나를 반갑게 맞이한 사람들 중에는 놀랍게도 여병현 씨가 있었다.

"저를 알아보시겠습니까?"

세상에나! 너무 놀랍고 반가웠다. 여병현 씨도 세브란스 의학전문학교에서 일하고 있었다.

지금 나는 세브란스 의학전문학교에서 세균학과 위생학을 가르치고 있다.

학생들은 눈빛이 초롱초롱하고, 배움에 대한 열기가 매우 높았다. 하지만 조선 말이 서툴러 통역을 사이에 두고 수업하는 건 꽤나 답답하였다.

내가 조선 말을 배우고 싶다고 하자, 목원홍 선생님을 소개해 주었다.

목원홍 선생님은 영어를 꽤 잘하였는데, 육십이 훌쩍 넘은 나이에도 영어를 더 잘하고 싶어 했다.

목원홍 선생님은 나에게 조선 말과 글을, 나는 목원홍 선생님에게 영어를 가르쳐 주었다. 나는 목원홍 선생님 도움으로 선교사 자격을 위한 조선어 시험에 무난히 합격할 수 있었다.

목원홍 선생님은 나에게 석호필(石虎弼)이라는 조선 이름을 지어 주었는데, 아주 마음에 들었다. 스코필드와 석호필은 발음도 매우 비슷하지만 뜻이 너무 좋았다.

석(石)은 바위란 뜻이다. 바위처럼 단단하고 강한 내 의지를 드러내 준다.

호(虎)는 호랑이라는 뜻이다. 학생들은 나를 호랑이 선생이라고 불렀다. 나는 지각이나 결석에는 어떠한 변명이나 핑계도 들어주지 않았다. 불성실한 학업 태도에는 꽤 엄격했다.

나는 가끔 시간이 날 때마다 학교 주변 술집을 돌아다녔다. 술집에서 학생들을 만나면 이러고 있을 시간에 집으로 돌아가 공부하라고 말하기 위해서였다.

학생들은 이런 나를 보면, "이크, 오늘도 호랑이 선생님이 오셨네." 하였다. 처음에는 호랑이처럼 무섭다는 뜻인 줄로만 알았다. 나중에 조선 사람들은 호랑이를 자신들을 돌보아 주는 존재로 여겨 아주 정겹게 여기기도 한다는 걸 알았다. 나는 학생들을 걱정하는 내 마음을 알아주는 것 같아 호랑이 선생님이라는 별명을 좋아했다.

필(弼)은 남을 도와준다는 뜻이다.

목원홍 선생님은 이 '필'이라는 한자를 골라 주면서 의미심장하게 웃었다. 남을 돕는다? 글쎄, 나는 그저 내가 옳다고 여기는 일을 할 뿐이었다. 일본인들이 저지르는 부당한 행위가 나를 가만 있지 못하게 할 뿐이었다.

나를 아는 많은 조선 사람들은, 목원홍 선생님도 마찬가지이지만, 조선 사람들을 도와준다며 고마워하였다. 지금 조선 사람들은 나라를 일본에 빼앗기고, 일본인들에게 엄청난 차별과 탄압을 받고 있다.

나는 조선을 빼앗은 일본을 특별히 미워하진 않는다. 나의 조국이기도 한 영국도 캐나다를 식민지령으로 가지고 있고, 지금도 더 많은 땅을 차지하려고 전쟁을 하고 있다. 일본이나 영국은 지금 자신들이 무슨 짓을 하고 있는지, 얼마나 끔찍한 짓을 하고 있는지 모른다. 온 세상이 다 미쳐 있는 것 같았다.

나는 불의를 보면 참지 못하는 성격이고, 가난하고 어려운 이들을 돕겠다는 건 오랜 신념인데, 감히 남을 돕는다는 필(弼) 자를 이름에 품고 있어도 될까?

오히려 알약을 뜻하는 영어 '필(pill)' 자가 내 이름에 더 어울리는 것 같았다. 지금 의료 분야에서 일을 하고 있으니까 말이다.

이갑성 선생을 만나다

민족의 문제는 그 민족 스스로 결정해야 한다.

1919년, 조선에 온 지 삼 년이 흘렀다.

이제 조선 말이 제법 늘었다. 학교에서 조선 말로 강의를 하니, 무엇보다 학생들을 가르치는 것이 편해졌다. 학생들도 수업을 쉽게 따라와 더 열심히 공부했다. 나는 뿌듯했다.

나는 저녁과 주말에는 '영어 성경 공부반'을 만들어 영어를 배우고 싶은 학생들을 불러 모았다.

나는 공부 모임에서 성경을 영어로 가르치고, 학생들 스스로 시사 문제를 토론하게도 하였다.

나는 모임의 학생들이 앞으로 조선의 지도자가 될 거라 믿고 있다. 이 학생들은 지금 조선에서 벌어지고 있는 탄압과 차별을 외면해서는 안 될 것이다.

나는 학생들이 성경에서 말하는 사랑과 진리를 배워 정의로운 사람들로 성장하길 간절히 바랐다.

영어 성경 공부반은 생각했던 것보다 반응이 좋았다. 여기저기서 학생들이 영어 성경 공부 모임을 만들었다며, 내가 모임에 들러 주길 바란다고 했다.

내가 모임에 들르면, 학생들은 "고맙습니다."라고 하며 깍듯이 인사했다. 나는 그럴 때마다 총 쏘는 시늉을 하며, 이렇게 대답하였다.

"곰 왔으면(고맙스-) 총으로 쏴 잡아야죠."

학생들은 처음에는 웬 곰? 하는 표정으로 날 멀뚱멀뚱 쳐다보다 뒤늦게 웃음을 터뜨렸다.

요즘 조선에서는 웃을 일이 드물었다. 나는 학생들이 이렇게라도 웃는 게 좋았다. 나는 가르치는 학생들 말고도, 교회 사람들, 선교 단체 사람들, YMCA 사람들과 자주 만났다. 나는

만남으로 많은 사람을 알아 갔다.

내가 만난 조선 사람들에는 자기 재산을 털어 사람들을 가르치고, 배우게 하려고 힘쓰는 사람들이 많았다.

정말 존경스러운 분들이었다. 살벌한 식민 통치 아래에서 무슨 일이 벌어질지 모르기 때문이었다.

'배워야 가난에서 벗어날 수 있고, 배워야 힘을 키울 수 있고, 배워야 빼앗긴 나라도 되찾을 수 있다.'

나는 이런 생각과 행동이 옳다고 믿었다.

독립협회 단장이자 YMCA 대표를 맡고 있는 이상재 선생도 그런 분이었다.

내가 정말 진심으로 놀라고 존경하는 사람들은 조선의 여성이었다.

나는 동양 여성들은 조용하고 온순하여 집 밖으로도 잘 나오지도 않는다

고 들었다. 하지만 내가 만난 여성들은 절대 그렇지 않았다.

쾌활하고 진취적이며 누구보다 배움에 대한 열기가 높았다.

김정혜 선생님도 그런 여성이었다. 김정혜 선생은 내가 수양 어머니로 모시는 분이기도 했다.

김정혜 선생은 1908년에 정화여학교를 설립하여 여성 교육에 앞장서고 있었다. 김정혜 선생님은 여자는 약하나 어머니는 강하다는 말이 생각나게 하는 분이었다.

김정혜 선생은 여성의 힘을 굳게 믿는 분이었다.

여성들도 배워야 하고, 더 나아가 직업을 가져야 한다고 말했다. 그래야 사회를 변화시키고 발전시킬 수 있다고 했다.

나는 일본의 관리와 일반 일본 사람들도 만났다. 그들은 내게 호의적이었다. 일본과 영국은 동맹을 맺은 사이였고, 무엇보다 노란 머리 외국인 선교사를 신기해하는 눈치였다.

나는 일본 사람들을 만날 때마다 명함을 받아 챙겼다. 명함은 일본 사람들을 만날 때 큰 도움이 되었기 때문이었다.

아직 차가운 겨울바람이 불던 1919년 2월 5일, 아현동에 있는 숙소로 손님이 찾아왔다.

세브란스 의학전문학교에서 같이 일하는 이갑성 선생이었다. 이갑성 선생은 얼굴은 알고 있었지만, 숙소로 나를 찾아올 만큼 친분이 있지는 않았다.

나는 이갑성 선생을 반갑게 맞았다.

"이 선생님, 어서 오세요!"

우리는 난로 앞에 앉아 일상과 평범한 이야기를 나누었다. 밤늦은 시간에 온 것이 무슨 일이 있구나 싶었지만, 이갑성 선생은 날 찾아온 이유를 말하지 않았다.

나는 말할 때까지 느긋하게 기다렸다. 문득 이갑성 선생이 탁자 위에 놓인 카메라를 유심히 쳐다보는 게 느껴졌다. 그러다 이갑성 선생은 결심한 듯 몇 번이나 입술을 달싹이더니 나에게 물었다.

"박사님, 평안북도 선천 예

필드 박사 이야기

수교 병원 원장이신 샤록스 박사님을 아시지요?"

나는 샤록스 박사를 알고 있었다.

샤록스 박사는 안식년을 맞아 미국에 갔다가 얼마 전에 다시 조선으로 돌아왔다고 하였다. 샤록스 박사는 선천 예수교 병원으로 가기 전에 이갑성 선생과 만났다고 했다. 샤록스 박사는 최근 미국 워싱턴 소식을 전해 주었다. 나는 그 소식을 듣고 깜짝 놀랐다.

파리에서 제1차 세계 대전 종전 협상을 하면서 패전국의 식민지를 어떻게 할 것인가에 대해 논의했다고 한다.

이때 미국 대통령 윌슨이 민족의 문제는 그 민족 스스로 결정해야 한다는 민족자결주의를 발표했다.

'민족의 문제를 그 민족 스스로 결정하게 한다고?'

그래서 지금 세계 각지에서 온 약소민족의 대표들이 워싱턴을 드나들면서 독립을 주장하고 있다고 했다.

"우리도 이 기회를 놓칠 수 없습니다. 우리 조선도 세계 여러 나라에 우리의 독립 의지를 알려야 한다고 생각합니다."

나는 고개를 강하게 끄덕였다.

"물론입니다. 그리하셔야지요."

그러나 독립이 말처럼 쉬운 문제가 아니었다.

나는 한 나라의 독립이라는 것이 외교 관계도 없이 자신들의 노력만으로는 절대 이뤄지지 않는다고 생각한다.

일본도 조선의 외교권을 가장 먼저 빼앗지 않았는가. 미국이나 유럽 사람들은 조선이라는 나라가 있는지도, 일본에 강제 병합되었다는 사실조차 모르고 있을 것이다.

아니 관심조차 없을 것이다. 그렇다고 두 손 놓고 가만있을 수는 없었다.

"그래서 박사님께 어려운 부탁을 드리고자 합니다."

"말씀하세요. 힘껏 돕겠습니다."

"처음에는 학생들 중심으로 독립을 갈망한다는 독립 선언을 발표하기로 했는데, 종교 단체 지도자들과 사회 각계 단체에서도 참여하겠다고 했습니다. 독립 선언 준비는 우리가 할 것이지만, 문제는 이런 활동을 알릴 방법이 없다는 겁니다. 일본이 가만 보고 있지 않을 테니까요."

"음……."

"박사님께서 미국에 알려주실 수 있겠습니까?"

"걱정하지 마세요! 제가 열심히 사진을 찍어 알리겠습니다. 미국 뿐 아니라, 다른 나라 언론에도 소개될 수 있도록 해 보겠습니다."

"스코필드 박사님, 정말 감사합니다."

"내 이름은 석호필이에요."

"네, 석호필 박사님."

이갑성 선생은 내 손을 덥석 잡고는 한참이나 놓지 않았다. 눈동자가 독립 의지로 별처럼 반짝였다.

우리는 지금 이 일이 일본에 조금이라도 새어나가면 큰일이라는 걸 잘 알고 있었다. 이갑성 선생은 날짜와 장소가 정해지면 알려주겠다고 했다. 나는 이갑성 선생이 돌아가고 나서도 가슴이 뛰어 쉬이 진정할 수가 없었다.

'정말 조선이 독립할 수 있는 걸까? 민족자결주의라니!'

3월 1일 파고다 공원

10년간 탄압을 받아 오던 헌병과 경찰의 공포는
"만세! 독립 만세!"를 외치는 백성의 함성 앞에 사라졌다.
이날은 실로 해방의 날이었다.

1919년 3월 1일 오후 두 시.

나는 지금은 탑골공원으로 이름이 바뀐 파고다 공원근처에서 카메라를 들고 있었다. 마치 풍경 사진을 찍으러 온 여느 외국인처럼 태평한 얼굴로 서 있었지만, 심장은 미친 듯이 뛰고 있었다.

파고다 공원에서 폭발하듯 만세 소리가 터져 나왔다.

"대한 독립 만세! 대한 독립 만세!"

사람들은 깜짝 놀라는 듯했지만, 나는 당황하지 않고 카메라 셔터를 누르기 시작했다.

 공원에서 쏟아져 나온 학생들은 종로 거리를 달리면서 독립 선언서를 사람들에게 나눠 주기 시작했다. 거리에 있던 사람들도 대한 독립 만세를 같이 부르기 시작했다.

 나는 3·1 만세 운동 현장에 같이 서 있다는 사실만으로도 가슴이 벅차올랐다. 이날 시청 앞 광장에는 3월 3일에 치르는 고종 황제 장례를 위해 수많은 사람이 모여 있었다.

 전국에서 모인 사람들은 독립 만세 소리에 다 같이 독립 만세를 따라 외쳤다.

현장의 생생한 모습을 사진에 담기 힘들었다.

파고다 공원에서 시작한 만세 운동에 사람들이 너무 많았고 뛰면서 만세를 불렀다.

나는 사진을 잘 찍으려고 높은 곳을 찾았다. 맞은편 일본인들이 사는 지역에 있는 케이크 가게가 눈에 들어왔다.

나는 케이크 가게 이 층으로 올라가 자리를 잡고, 만세 운동 현장을 카메라에 담기 시작했다.

찰칵! 찰칵!

그때 뒤에서 소리가 들렸다.

"누구냐!"

돌아보니 중년 여인이 빗자루를 들고 다가오고 있었다.

"이, 도둑놈아, 나가!"

"저는 도둑이 아닙니다."

"나가, 썩 나가!"

여인은 빗자루를 사정없이 휘두르면서 나를 쫓아냈다.

변명할 틈도 시간도 없었다. 나는 빗자루 세례를 받으며 쫓겨난 뒤에도 정신없이 종로와 광화문을 뛰어다니며 사진을 찍

었다. 3월 1일 만세 운동으로 야간 통행 금지령이 내려졌지만, 밤이 깊도록 만세 소리는 곳곳에서 끊임없이 들려 왔다.

일본 경찰과 군인들이 만세 운동을 막았지만, 조선 사람들의 만세 소리는 하늘을 찌르고 있었다. 나는 흥분을 감추지 못했다.

나는 3·1 만세 운동에 참여한 이용설 학생 집으로 갔다. 나는 이용설 학생에게 사진을 잘 찍었다고 말하며, 함께 기쁨을 나누었다. 그러면서 내가 찍은 필름 몇 개를 이용설 학생에게 건네주었다.

다음 날 3월 2일, 아침부터 일본 경찰과 헌병이 거리에 쫙 깔렸다. 일본 경찰들은 독립운동 민족 대표 33명과 만세 운동에 참여한 사람들을 잡아들이려고 혈안이 되어 있었다.

사람들 모두 살얼음판을 걷듯 조심스러운 하루였다.

3월 3일은 고종 황제의 장례 일이었다. 고종 황제가 독살되어 죽었다는 소문이 퍼져, 서울 시내에는 슬픔과 울분이 가득했다.

나는 아무것도 모르는 척하며, 알고 지내던 일본 관리에게 무슨 일이냐고 물었다.

일본 관리는 별일 아니라고 했다. 지금 사람들이 모여 있는 건 고종 황제 장례식 때문이고, 장례가 끝나는 대로 사람들은 모두 자기 집으로 내려갈 거라고 했다.

하지만 말과는 달리 3월 5일 아침, 학생들은 하나 둘 서울역으로 다시 몰려들기 시작하였다.

학생들은 3월 1일 만세 운동 때보다 훨씬 많이 모여 만세 운동을 이어갔다.

"대한 독립 만세! 대한 독립 만세! 만세!"

만세 소리에 사람들이 순식간에 모여들었다.

엄청났다.

서울역에서 시작한 만세 운동은 남대문까지 이어졌고, 길갓집에서도 사람들이 나와 만세 운동에 참여하기 시작하였다.

"탕!

–탕!

——탕!"

일본 경찰과 헌병들이 사람들에게 총을 쏘기 시작했다. 그래도 학생들은 만세 부르기를 멈추지 않았다. 나는 사람들이 크게 다칠까 봐 걱정되었다.

일본 경찰과 헌병들은 사람들을 잡아들이기 시작하였다.

만세 운동을 이끈 민족 대표 33명이 잡혔는데도 만세 운동은 계속되었다. 그러자 일본 경찰은 조선 사람들이 가지고 있는 〈3·1 신문〉을 누가 만들었는지 캐기 시작했다.

일본 경찰은 〈3·1 신문〉을 만든 것이 우리 학교에 다니는 학생들이라는 걸 눈치챈 거 같았다.

일본 경찰과 헌병들이 학교에 들이닥쳐 발칵 뒤집혔다.

나는 연구실에 놓인 메모를 보았다.

> 박사님, 저 오늘 밤에 서울을 떠나 중국으로 갑니다. 다시는 못 뵐 것 같습니다. 바빠서 인사도 못 드립니다. 안녕히 계십시오.
> – 제자 이용설 올림.

얼마나 급하게 썼는지 글씨체가 흩어져 있었다.

"내년이면…… 졸업인데. 하-, 무사히 빠져나갔을까? 제발 무사히 중국으로 갔기를."

며칠 사이에 알고 있던 많은 조선 사람이 잡혀갔다. 학교에는 휴교령이 내려졌다. 나는 심란했다.

나는 틈만 나면 서울 곳곳을 돌아다녔다.

일본 경찰과 헌병에게 끌려가는 학생들을 보자 가만히 있을 수 없었다.

나는 붙잡혀 가는 학생이 남학생이라면 이렇게 말했다.

"나는 선교사 스코필드요. 이 학생은 내 집에서 일하는 사람이오. 아무 죄가 없소. 만세 운동과는 아무 상관이 없단 말이요. 내가 지금 집에 데려가겠소."

또 잡혀가는 학생이 여학생이면 이렇게 말했다.

"그 여자애는 우리 집 식모요."

일본 경찰과 헌병들은 영국 국적을 가진 선교사를 어려워했다.

못마땅한 얼굴이었지만 곧 내 기세에 눌려 학생을 나에게 넘겨주곤 하였다. 하지만 나중에는 이 방법도 잘 통하지 않았다. 그럴 때 나는 가지고 있던 명함을 꺼냈다.

"나는 조선 총독부 경무국장 마루야마 쓰루키치 씨와 아주 친한 사람이오."

명함이 도움이 되기 시작했다.

일본 경찰과 헌병들은 높은 직책을 가진 고위 관료의 명함, 종이 쪼가리에 꼼짝 못 했다.

삼사일이면 잠잠해질 거라고 장담하던 일본 경찰들의 말과는 달리 만세 운동은 전국으로 퍼져 나갔다.

고종 황제 장례식에 모인 사람들은 가슴에 독립 선언서를 품에 안고 고향으로 돌아갔다. 휴교령으로 학교에 나오지 못하는 학생들도 독립 의지를 가슴에 품고 고향으로 내려갔다. 고향에서 만세 운동을 벌인 것이다.

나는 혹시나 학생들이 만세 운동을 벌이다 일본 경찰에게 잡혀 오는 건 아닌지 걱정되었다.

나는 도움이 될 만한 일이 있을까 싶어 서울역으로 나섰다.

열차가 도착하자 사람들은 구름같이 밀려 나왔다. 그 사람들 중에는 오랏줄에 묶여 끌려오는 사람들도 있었다.

일본 경찰과 헌병들의 기세는 등등하였다. 정말 꼴 보기 싫었다.

나는 큰 소리로 비꼬았다.

"수가 났네. 수가 났어. 아주 큰 수가 났어!"

그러자 사람들이 품— 하고 웃음을 터뜨렸다.

일본 경찰이 눈을 부라리며 다가왔다.

"무슨 수가 났다는 게야!"

사람들이 모두 나와 일본 경찰을 보고 있었다.

나는 능청스럽게 말했다.

"옥수수가 났다는 말이오. 아니 옥수수가 났다는 말도 못 하오?"

일본 경찰은 얼굴이 벌게졌고, 사람들은 킥킥 웃었다.

나는 일본 정책에 반대하는 비판적인 기사를 싣는 〈서울 프레스〉 신문사 사장인 야마가타 이소오 씨를 알고 있었다.

  나는 야마가타 사장에게 내 글을 신문에 실어 달라고 부탁하였다. 야마가타 사장은 나를 걱정하여, 내 이름 대신 어느 외국 친구라는 이름으로 실어 주었다.

  일본은 합병을 통해 물질적으로 조선에 많은 혜택을 주었다고 하지만, 어디 그것이 조선 사람을 위한 것이었을까? 정부는 국민을 행복하게 해 주는 것이 진정한 의무다. 국민이 행복해야 정부가 옳게 일한다고 할 수 있다.

  일본 정부는 왜 지금 조선 사람들이 동요하고 어리석을 정도로 용감하게 궐기하는지에 대해 반성해야 한다. 지금 조선 사람들이 원하는 것은 결코 물질적인 것이 아니고 정신적 자유라는 점을 충분히 고려해야 한다.

<서울 프레스> 에 쓴 글에서(1919년 4월 13일 자)

제암리에서 벌어진 일

그 사람들이 무엇을 했기에 이처럼 잔인한 심판이
그들에게 닥친 것일까?
그들이 왜 갑자기 남편과 부모를 잃어야 했는가?

여기저기에서 꽃이 피고 겨우내 얼었던 땅이 고운 초록빛으로 물들어 가는 4월이었다.

3·1 만세 운동으로 사람들이 잡혀가는 소식만 들려 왔지만, 전국에서 만세 운동이 이어지고 있다는 소식도 전해져 왔다. 금방 잠잠해질 줄 알았던 만세 운동이 계속 이어지니, 일본은 어떻게 할지 몰라 갈팡질팡하고 있었다.

이즈음, 우리 교구에 속한 수원(지금은 화성시) 수촌리 교회에서 도와달라는 요청이 왔다.

일본 경찰과 군인들이 마을에 들어와 사람을 죽이고 집을 불태웠다는 것이다. 소식을 듣고, 나는 참을 수 없는 분노가 끓어 올랐다.

만세 운동에서 사람들에게 총질하는 것만으로도 치가 떨렸는데, 아무 관계도 없는 마을로 가 사람을 죽였다니! 가만있을 수 없었다.

다음 날 아침 일찍 나는 자전거를 챙겨 수원으로 가는 열차를 탔다.

수원역에 내리니 역 주변에 무장한 헌병과 경찰들이 많았다. 경비를 삼엄하게 서고 있었다.

'정말 큰일이 터졌구나!'

사람들은 바짝 얼어붙어 있었다.

살벌한 분위기에 사람들은 제대로 숨도 쉬지 못하는 듯했다. 내가 자전거를 끌고 가니 헌병 몇몇이 나를 에워쌌다.

"여기는 무슨 일로 왔소? 어딜 가려는 것이오?"

"……"

나는 일본어를 모른다. 그러자 헌병들은 어설픈 조선 말과 영어로 다시 물었다. 나는 모른 체할 수 없었다. 대답하지 않으면 날 보내 주지 않을 것이기 때문이었다.

나는 가려던 수촌리 교회 반대 방향인 수원 시내로 간다고 대답했다. 이럴 땐 외국인이라는 게 얼마나 도움이 되는지 모른다.

곤란한 질문은 못 알아듣는 척하면서 대답하지 않아도 되었다. 그리고 외국인인 나를 오래 붙잡아 둘 수도 없었다.

헌병들은 못마땅한 표정으로 비켜 주었으나, 아니나 다를까 내 뒤로 헌병 한 명이 따라붙었다.

수촌리는 수원역에서 서남쪽으로 20km 떨어진 곳에 있다.

나는 자전거를 타고 수원 시내로 가기 시작했다.

나는 조금씩 자전거 속도를 높였다.

헌병은 차로 쫓아 올 수도 없고, 자전거 속도에 맞춰 계속 따라오긴 힘들 것이다. 그래도 헌병은 끈질겼다.

나는 더 세게 자전거 페달을 밟았다. 한참이 지나 돌아보니 헌병은 보이지 않았다. 따돌린 것 같았지만, 모를 일이었다.

나는 한참을 더 가서야 겨우 마음을 놓았다. 이젠 다시 수촌리로 가야만 했다. 길가 보리밭은 푸르기만 한데, 지나다니는 사람들 얼굴에는 수심이 가득하였다.

자전거를 타고 비탈길과 논두렁을 따라 한참을 달렸다.

제암리 마을을 지날 때였다. 언덕 위에 앉아 우는 아이들이 보였다.

아이들 뒤로는 막 봉분을 한 듯한 붉은 무덤이 있었다. 나는 자전거를 멈추었다.

"애들아, 왜 우니?"

아이들은 나를 겁에 질린 눈동자로 멍하니 쳐다보기만 했다. 나는 아이들 모습에 견딜 수 없었다.

"집이 어디니?"

한 아이가 언덕 아래를 손으로 가리켰다.

나는 아이가 가리킨 곳을 내려다보고는 그대로 굳어버렸다. 그제야 공기 속에서 떠도는 매캐한 냄새가 코를 찌르는 걸 느꼈다.

나는 홀린 듯이 불에 타 잿더미로 변해 버린 마을로 내려갔다. 마을에서 조금 떨어진 작은 초가집 한 채만 불에 타지 않고 남아 있었다.

모든 집이 불에 탔고, 남아 있는 것이라고는 앙상하게 보이는 검은 기둥과 무너진 벽뿐이었다.

나는 멍하니 바라보고만 있었다. 인기척이라고는 전혀 없었다. 매캐한 냄새가 자꾸만 나를 찔러댔다.

'마을 사람들은……. 모두 어디로 간 걸까?'

살과 뼈가 타는 지독한 냄새는 정말이지 생각하고 싶지 않았다.

'설마 아까 본 두 아이만 살아남은 건 아니겠지?'

바람결에 사람들 비명이 귀에 울리는 듯했다.

'여기에서…… 대체 무슨 일이 있었던 거지?'

믿을 수 없었다.

'정신 차려, 스코필드. 사람들에게 알려야지.'

나는 이를 악물고 카메라를 꺼냈다.

사진을 막 찍으려는데, 사람들 말소리가 들려왔다. 놀라 돌아보니 덩치가 큰 서양인과 머리에 붕대를 감은 일본 경찰이 다가오고 있었다.

'이런, 젠장!'

나는 얼른 카메라를 감췄다.

일본 경찰이 눈에 잔뜩 독기를 품은 채 나를 아래위로 훑어 보면서 쏘아붙였다.

"당신 뭐야? 무슨 일로 여기 왔소?"

나는 애써 태연한 표정으로 억지로 웃으며 말하자, 옆에 있던 서양 남자가 통역해 주었다.

"나는 캐나다 선교사 스코필드요. 우리 교구 수촌리에 일이 있어 내려왔다가 잠시 들렀소."

서양 남자는 자기는 미국에서 온 선교사라고 했다.

나는 조선에 온 선교사라면 얼굴은 몰라도 이름은 대개 알고 있는데, 처음 들어본 이름이었다.

내가 처음 들어본 이름이라고 하자, 선교사는 일본 정부 초청으로 3월에 왔다고 했다. 여기 제암리 마을은 조사하러 왔다는 것이다.

'일본 정부 초청으로 온 선교사라? 그럼, 3·1 만세 운동을 일본 입맛에 맞게 세계 언론에 알릴 목적으로 불러온 게 틀림없군.'

나도 같이 둘러보고 싶다고 말했다.

일본 경찰은 못마땅한 듯했지만 어찌할 수 없었다.

나는 그들과 함께 잿더미로 변한 마을을 둘러보며 일본 경찰의 설명을 들었다.

"이 마을에 몹시 나쁜 청년이 있었어요. 그 사람이 어느 집에 불을 질렀는데, 그 때문에 마을이 몽땅 다 타버렸습니다."

"그런데 교회는 어쩌다가 다 타버렸나요?"

"그게, 그날 바람이 얼마나 세게 불었는지 불길을 잡을 수가 없었습니다. 교회까지 몽땅 타버려서……. 교회에 모여 있던 사람들이, 불행히도 인명 피해가 좀 있었습니다."

나는 고개를 연신 끄덕였지만, 속에서는 분노가 들끓었다.

일본 경찰은 손으로 마을 곳곳을 가리키며 무언가 설명하고 있었고, 미국인 선교사는 설명을 듣고 있었다.

둘 다 나를 신경 쓰지 않았다. 나는 미국인 선교사 등 뒤에서 몰래 카메라 셔터를 눌렀다.

찰칵, 찰칵.

들킬까 봐 식은땀이 났지만, 다행히도 둘은 나에게 관심이 없었다.

일본 경찰과 선교사가 잿더미로 변한 마을을 떠날 때, 나도 함께 자리를 떠나야만 했다. 시간은 이미 한낮을 훌쩍 넘겼다. 전혀 예상치도 못한 사건 현장을 보아서 마음이 참담하였다.

나는 가려던 수촌리 마을로 자전거를 돌렸다.

자전거를 타고 가는 내내 내 머릿속에는 방금 제암리 마을에서 본 빈 맥주병이 자꾸만 맴돌았다.

'가난한 시골 마을에 웬 맥주병일까?'

'설마…… 일이 잘 끝났다고 술을 마신 건 아닐까?'

'아니다. 아무리 군인이라도 차마 맨정신으로 무고한 사람들을 죽일 순 없겠지.'

나는 제암리 마을에서 무슨 일이 벌어졌는지 정확히 알 수는 없었지만, 본능적으로 느끼고 있었다. 그곳은 학살 현장이었다.

학살! 온몸에서 소름이 돋았다.

얼마를 갔을까? 나는 길을 제대로 잡았는지 살펴보려고 자전거를 세웠다. 마을 외곽에 있는 제방에서 한 여성이 앉아 나물을 뜯고 있었다.

나는 여자에게 다가가 물었다.

"말씀 좀 묻겠습니다. 여기가 수촌리입니까?"

여성은 나를 바라보며 떨리는 목소리로 대답했다.

"혹시…… 기독교인이세요? 선교사님이신가요?"

"예, 그렇습니다."

"오오…… 감사합니다."

여성은 온몸을 떨며 눈물을 떨구더니, 나에게로 다가와 손을 꽉 잡았다.

"선교사님, 일본 군인들이 와서 마을에 불을 질렀어요. 사람들이 많이 다쳤어요. 집도, 교회도 불타 버리고……."

여성은 내 손을 끌고 계곡 사이에 있는 마을로 들어섰다. 그때 아이 둘이 우리에게 달려왔다.

"선교사님이시죠? 우리 아버지가 목사님이세요."

나는 혹시나 이 마을에도 일본 경찰이 와 있지 않나 걱정되었다.

"없어요. 지금은 없어요. 우리가 높은 곳에서 계속 망을 보고 있거든요. 언제 또 들이닥칠지 모르니까."

수촌리는 제암리 마을처럼 마을 전체가 모두 타지는 않았지만, 피해는 컸다.

좁은 골목길 곳곳에는 잿더미가 수북했고, 집 마흔두 채에서 여덟 집만 타지 않고 남아 있었다.

사람들은 불타 남은 것들을 치울 엄두도 내지 못했다.

마을 사람들은 큰 충격을 받았다.

며칠이 지나도록 아무것도 못 하고 정신 나간 사람들처럼 멍하니 가만히 앉아만 있었다.

아마도 무언가 하고 있으면, 군인들이 다시 와서 때리고 불태울까 봐 꼼짝을 못 하고 있었다. 그저 아이와 여자들이 먹을거리로 봄나물을 뜯어오는 것이 전부였다.

사람들은 나에게 마을에서 벌어진 일을 쏟아내기 시작했다.

1919년 4월 15일, 새벽이었다.

군인들이 들어와 집집마다 돌아다니며 초가지붕에 불을 놓았다. 초가지붕은 금방 불에 타올랐다.

놀라 뛰쳐나온 사람들이 불을 끄려고 하자, 군인들이 총으로 때렸다고 한다. 하지만 사람들은 아랑곳하지 않고 불을 끄려고 했고, 군인들은 총검으로 찔러 사람들을 막았다고 했다.

마을 사람들은 멍하니 선 채 자신들의 집이 잿더미로 변해가는 걸 지켜봐야만 했다.

"총검으로요? 다친 사람은요?"

한 사람은 죽고, 몇몇 사람들이 다쳤다고 한다.

내가 다친 사람들을 보고 싶다고 하자, 한 남자가 그나마 온전한 어느 집 안방으로 날 이끌었다.

"여기 이쪽으로."

나는 방에 들어선 순간 구역질을 할 뻔했다.

방은 고름 썩는 냄새가 가득했다.

방 안에 누워 있는 남자의 왼쪽 팔꿈치에는 칼에 베인 상처로 고름이 가득 차 크게 부풀어 올라 있었다.

상처를 감싼 붕대는 피와 고름으로 흥건히 젖어 있었다.

나는 맥박을 재고 호흡수를 점검했다.

빨리 병원으로 옮기지 않으면 목숨이 위험한 상태였다.

나는 할 수 있는 응급처치를 했다. 상처를 씻기고 새로운 붕대로 바꿔 감아 주었다.

해는 이미 저물어 가고 있었다.

나는 내일 또 오겠다고 약속을 하고, 서둘러 수원역으로 돌아왔다.

진실을 알려야 해

나는 내가 보고 들은 일을 자세히 적어 나가기 시작했다.
한 톨의 거짓도 없이 제암리에서 보고 들은 진실을 써 내려갔다.

무사히 서울로 가는 기차를 탈 수 있었다.

온종일 아무것도 먹지 못해 배가 몹시 고팠다.

나는 기차 안 식당 칸으로 갔다. 식당 칸에는 조선인 노신사가 일본 헌병의 호위를 받으며 앉아 있었다. 나는 음식을 주문하면서도 노신사에게 눈을 뗄 수 없었다.

'분명 조선인인데, 일본 헌병의 호위를 받다니……. 누구지?'

신문에서 얼굴을 본 기억이 났다.

'그렇구나! 이완용. 조선을 팔아먹은 매국노라며 지금 조선에

서 욕을 가장 많이 먹고 있는 사람.'

조선 사람들은 나라를 되찾겠다고 만세 운동을 벌이다 한 마을은 전부 불타 버리고 죽었는데, 저 혼자 호의호식하고 있는 꼴을 보니 배알이 뒤틀렸다. 뭐라도 한마디 내뱉어야 물이라도 삼킬 수 있을 거 같았다.

나는 이완용에게 다가가 먼저 인사를 했다.

"안녕하십니까? 저는 캐나다에서 온 선교사 스코필드입니다."

노신사는 가볍게 고개를 끄덕였다.

"나는 이완용이오."

뭐라고 말을 꺼낼까 잠시 고민하는데, 먼저 내게 말을 걸어왔다.

"선교사 양반. 내가 예수를 믿으려면 어떻게 해야 하오?"

이완용의 얼굴도 평온하지는 않았다.

전국에서 나라를 찾겠다고 만세 운동이 일어나는 지금 어찌 평안하겠는가. 그래서 예수를 믿겠다고. 구원을 받고 싶은 모양이었다.

하긴 이완용도 구원을 받아야 할 인간이긴 했다.

나는 이완용의 눈을 똑바로 바라보았다.

"어려울 것 없습니다. 선생님은 그냥 이천만 조선 사람들 앞에 머리 숙여 진심으로 사죄하면 됩니다."

이완용은 당황한 듯 얼굴이 굳었고, 옆에 있던 헌병은 발끈했다.

"그런 다음에 교회로 나오십시오."

아무런 도움이 되진 않겠지만, 적어도 속은 후련했다. 나는 자리로 돌아와 말없이 주문한 음식을 먹었다.

음식을 다 먹고 둘러보니, 어느새 이완용은 식당 칸을 떠나고 없었다.

다음 날 일찍, 나는 약속대로 다시 수원으로 갔다.

먼저 수원에 있는 선교사가 운영하는 병원에 들러 사정을 설명하고 수촌리 사람들을 치료해 달라고 부탁했다. 그리고 나서 수촌리로 가니, 마을 사람들이 나를 반갑게 맞아 주었다.

마을에는 나 말고도 다른 선교사들이 와서 사람들을 돌봐주고 있었다. 하지만 일본 경찰들이 졸졸 따라다니고 있었기 때문에 마을 사람들은 아무런 하소연도 하지 못하고 잔뜩 웅크리고 있었다.

나는 선교사들에게 가까운 화수리 마을에도 군인들이 왔었다는 소리를 듣고 화수리 마을로 갔다. 다행히 화수리는 제암리나 수촌리보다는 피해가 크지 않았다.

나는 수촌리로 돌아와, 어제 방에서 만난 다친 사람을 병원으로 옮길 준비를 하였다. 그러자 일본 경찰은 병원으로 데리고 갈 수 없다고 막아섰다.

사람들이 화가 나서 따지자, 경찰은 뚱한 얼굴로 나에게 약속을 받아 내려고 했다.

"이건 분명히 해 주시오. 이 사람은 원래 아픈 거였지, 상처는 일본과는 아무 상관이 없소이다."

나는 기가 막혔다.

"당신 눈은 옹이구멍이오? 칼에 베인 상처가 어떻게 원래 아픈 거요! 말이 되는 소리를 하시오."

내가 소리를 버럭버럭 지르자, 마을 사람들도 화난 얼굴로 경찰을 쏘아보았다.

"이…… 이 사람은 원래…… 아주 그러니까 성질이 매우 나쁜 사람이었단 말이오!"

순사는 그렇게 대답하고는 획 자리를 벗어났다.

내가 남자를 데리고 집을 나서자, 노인 한 분이 다리를 절면서 급히 마당으로 들어왔다.

"선교사님, 저도…… 저도 좀 도와주십시오."

노인은 바지를 훌떡 걷어 올려 시퍼렇게 변한 제 다리를 보여 주었다. 날카로운 금속에 찔린 상처가 대여섯 군데 보였다.

"일본군의 총검에 찔린 상처입니다. 그날."

나는 입술을 깨물 수밖에 없었다.

"멍든 건 총의 개머리판에 맞은 자국입니다."

나는 고개를 끄덕였다. 그러자 옆에서 아이가 내 소매를 잡아당겼다. 자기네 집에도 좀 와 달라는 거였다.

아이를 따라 집 안으로 들어가니 방에는 남자 둘이 누워 있었다. 두 사람은 마을 밖으로 끌려가 길가에서 곤봉으로 두들겨 맞았다고 한다.

나는 끔찍한 상처를 보고 신음이 흘러나왔다.

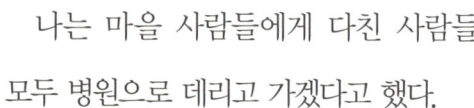

나는 마을 사람들에게 다친 사람들 모두 병원으로 데리고 가겠다고 했다.

그러자 한 여인이 겁먹은 표정으로 물었다.

"선교사님, 그런데 언제쯤 군인들이 마을을 떠날까요?"

"선교사님이 여기 계속 좀 머물러 주시면 안 될까요?"

또 다른 사람이 부탁을 했다.

나는 또 오겠다고, 잊지 않고 반드시 또 오겠다고 굳게 약속을 한 뒤에야 마을을 나올 수 있었다. 마을 사람들은 공포와 두려움에 빠져 어찌할지 몰랐다.

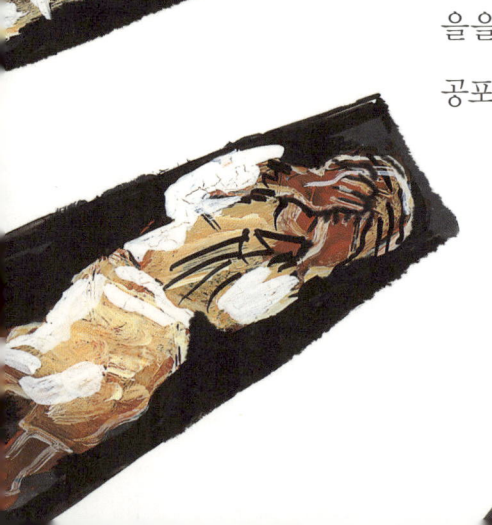

언제 다시 군인이나 헌병들이 와서 마을 사람을 끌고 가 때릴지도 모른다고 했다.

'오오…… 주님. 이 불쌍한 영혼들을 돌봐 주옵소서.'

나는 마음속으로 기도했다.

다음 날, 나는 울분을 참지 못하고 조선에 와 있는 일본군 총사령관 고지마 씨를 찾아갔다.

나는 일본군 총사령관에게 제암리와 수촌리에 다녀왔다는 사실을 말하고, 일본군이 벌인 짓을 아느냐고 따져 물었다.

"스코필드 선생, 저 역시 보고를 받았습니다. 아시는지 모르겠지만 그곳의 조선인 폭도들이 주재소를 불태우고, 주재소 경감을 돌로 때려죽였다지 뭡니까? 감히 대일본제국의 경감을 죽이다니 있을 수 없는 일이지요."

"그래서 보복으로 제암리 사람들을 몽땅 죽였다는 겁니까?"

"그럴 리가 있겠습니까. 다만 젊은 군인들이다 보니 혈기와 나라를 위한 충성된 마음이 강해 그리된 것이지요. 담당 중위도 지나쳤다고 반성하고 있습니다. 저희로서도 참으로 유감스러운 사건입니다."

고지마 씨는 나에게 일본어로 된 사건 보고 문서를 보여 주었다. 나는 일본 총사령관의 말이 이해가 되진 않았지만, 사건의 자세한 내막을 알 수 없었던 터라 더 이상 항의를 할 수 없었다.

"앞으로 이런 일이 발생하지 않도록 잘 처리하겠습니다."

내가 제암리 사건 보고서 복사본을 달라고 하자, 고지마 씨는 흔쾌히 건네주었다. 나는 고지마 씨의 명함까지 받아서 돌아왔다.

나는 사건 보고서를 일본말을 잘 아는 친구에게 번역을 부탁하여 살펴보았다. 내용에는 일본의 잘못을 시인한 부분도 있었다. 하지만 사건은 축소되어 있을 뿐 아니라 왜곡되어 있었다. 아마도, 이렇게 제암리 사건을 덮을 모양이었다.

'해외 언론에는 이렇게 알려지겠지?'

아직까지 코에 남아 있는 매캐한 냄새, 언덕 위에 앉아 하염없이 울고 있던 아이가 자꾸만 어른거렸다.

나는 생각에 잠겼다.

'아! 그래, 이것 때문이었구나.'

내가 왜 이 땅에 왔는지, 주님이 왜 나를 이 땅으로 보내셨는지 비로소 알 것 같았다.

'내가 제암리에 들른 것도 우연이 아니었어. 주님의 뜻이었어!'

나는 종이를 꺼내 들었다.

제암리, 꺼지지 않는 불꽃

……

사람들은 이리저리 흩어져 멍석과 짚 위에 앉아 있었고, 몇몇 사람들은 가까이 있는 언덕배기에 지은 작은 움막에서 자신들의 행복했던 집이 무너진 모습을 말없이 바라보고 있었다.

마을 사람들이 무엇을 했기에 이처럼 잔인한 심판이 닥친 것일까? 왜 갑자기 남편과 부모를 잃어야 하는가? 분명 무언가 잘못되었다.

나는 제암리와 수촌리에서 보고 들은 일을 자세히 적어 나가기 시작했다.

8호실 사람들을 만나다

정부의 진정한 의무는 국민을 행복하게 해주는 것이다.
국민이 행복해야만 그 정부는 옳게 일한다고 할 수 있다.

며칠 뒤, 나는 평안북도 선천으로 갔다.

만세 운동을 하다 잡힌 학생들이 일본 경찰에게 혹독한 매질을 당했다고 한다. 매질로 목숨을 잃은 학생들도 있었다. 이때 다친 학생들이 지금 선천에 있는 병원에 입원해 있었다.

나는 학생들 모습을 카메라에 담았다.

"사진 찍지 마!"

일본 경찰이 막자, 나는 일본군 총사령관 명함을 내밀었다. 마법 같은 일을 만들어 주던 명함이 이번에는 전혀 마법을 발

휘하지 못했다. 나는 병원에서 쫓겨났다.

나는 고지마 총사령관을 다시 찾아갔다.

얼마 전까지만 해도 날 정중하게 대하던 고지마 총사령관의 인상이 싸늘했다.

"도대체 당신이 원하는 게 뭐요? 외국에 어떻게 말하고 다니는 겁니까?"

나는 제암리 사건을 외국인 친구들에게 알리고 있었다. 고향으로 돌아가는 친구들에게 제암리 사건 보고서를 건네주며, 언론에 알려 달라고 부탁도 했다.

고지마 총사령관은 내가 하고 있는 일을 알고 있었다.

제암리 사건은 우리가 지나쳤다고 말한 사람의 태도가 손바닥 뒤집듯 달라져 있었다.

'아아-, 고지마, 당신은 바보다! 이렇게 덮으려고만 해서는 안 된다는 걸 왜 모르냐?'

일본에 품고 있던 나의 작은 희망이 사그라졌다. 일본은 어리석은 선택을 했다.

내가 만난 수촌리 사람들은 일본 주재소 경감이 죽었다는 사실도 몰랐다. 그 보복으로 마을이 불탔다는 것도 몰랐다.

수원(화성)에서 벌어진 만세 운동이 격렬하여 일본 경감을 죽였다지만, 만세 운동은 평화 시위였다. 그런데 마을을 불태우고, 사람들을 닥치는 대로 끌고 가 고문하고 죽이다니!

이제 조선 사람들은 잘못이 없어도, 이유도 모른 채 죽게 된다는 걸 알게 되었다.

그냥 죽어 주는 사람이 어디 있겠는가? 조선 사람들은 일본이라면 앙심을 품게 될 것이고, 죽을 바에야 차라리, 기꺼이 자신의 조국을 위해 죽을 것이라는 걸 일본은 왜 모르는 걸까? 이게 일본이 말하는 내선합일인가? 일본은 일본 국민에게도 이런 짓을 하는가?

나는 5월에 〈서울 프레스〉 신문을 읽다가 어이가 없어 뒤로 쓰러질 뻔했다. 신문에는 어느 사람이 서대문 형무소를 방문한 기사가 있었다.

- 형무소장 가키하라 씨는 매우 다정다감한 성격
- 수감자들은 매일 옥외에서 운동을 하고 나흘마다

목욕도 한다.
- 수감자들은 형무소에서 여러 가지 기술을 배우고 있다.
- 형무소 안에서는 자유롭게 책도 보고, 기독교인은 성경도 읽고 있다.

처음부터 차라리 서대문 형무소가 아니라 서대문 기술학교, 혹은 서대문 요양소라고 불려야 한다고 했다. 아무리 조선에 와 있는 외국인에게 선전하기 위한 기사라고는 하지만, 이렇게 뻔뻔할 수가 있을까!

서대문 형무소에는 수많은 사람이 3·1 만세 운동으로 투옥되어 있고, 내가 아는 사람도 있었다. 그 사람들에는 세브란스 병원에서 일하는 간호사 노순경도 있었다.

면회하러 가고 싶어도 외국인은 면회는커녕 방문도 허락되지 않았다.

나는 '친애하는 〈서울 프레스〉 편집 책임자에게'라는 글을 쓰기 시작했다.

신문에 실린 기사를 보고 많이 안심했다. 그렇게 훌륭한 기사를 보고 나는 걱정을 많이 덜었다. 그래서 제안을 하나 하고자 한다.

그 기사를 조선어로 번역해서 조선 사람들에게도 보여 줄 수 없느냐? 그러면 많은 사람의 근심이 사라질 것이다.

얼마 전 나는 심하게 얻어맞아 생살이 찢어져서 앉아 있을 수도 없는 사람을 만났다. 그 사람은 자신이 얼마 전 서대문 높은 벽돌집에서 나왔다고 했다.

서대문 높은 벽돌집이 당신들이 말한 서대문 형무소는 아닐 것이다.

인도적 차원에서 꼭 확인해 봐 달라는 게 내 글의 핵심이었다. 놀랍게도 내 기고문에 편집자가 답을 달았다.

- 외국인들은 왜 우리 일을 이렇게 뿌리 깊게 의심하느냐? 직접 서대문 형무소를 방문해 달라. 그래서 우리 신문사의 서대문 방문기가 정확한지 아닌지 확인

하기 바란다.

신문사는 약속한 대로 몇몇 선교사에게 서대문 형무소 방문 허가서를 보내 주었다.

나는 서대문 형무소로 달려갔고, 노순경 간호사를 면회할 수 있었다. 날 보자마자 눈물부터 쏟아내던 노순경 간호사는 무척 수척해져 있었다. 나는 노순경이 수감되어 있는 감방까지 가 보겠다고 강하게 말했다.

'여자 감방 8호실'

- 저는 이화학당 학생 유관순입니다.
- 저는 감리교 전도부인 어윤희입니다.

고문을 당해 목덜미를 싸맨 채 제대로 말도 못 하는 여성은 정신여학교의 이애주라고 했다. 또 만삭의 부인은 구세군 사관의 부인 엄명애였다.

나는 담당 간수의 반대에도 함께 찬송을 부르며 예배를 드

렸다. 나는 간수들에게 잘 부탁드린다고 몇 번씩이나 부탁한 뒤 형무소를 나왔다.

며칠 뒤, 놀랍게도 세브란스 병원에 이애주 학생이 수술을 받고 입원해 있다는 걸 알게 되었다.

목에 있는 상처가 심해 보석으로 풀려났다고 했다.

나는 이애주 학생에게 서대문 형무소에서 무척이나 모진 고문과 학대가 저질러지고 있다는 사실을 들을 수 있었다. 노순경 간호사는 불에 구운 젓가락으로 다리를 찔려 지금 일어서지도 못한다고 했다.

나는 당장 조선 총독부로 달려갔다. 총독은 못 만났지만, 정무총감 미즈노를 만날 수 있었다.

나는 미즈노 정무총감에게 지금 일본이 얼마나 비인도적인 만행을 저지르고 있는지 아느냐고 따졌다. 미즈노 정무총감은 무척이나 교양 있는 사람이었다.

관계부서에 지나친 고문을 하지 못하도록 연락하겠다며 사과를 했다. 나에게 사과 따윈 하지 않아도 된다.

나는 조금이라도 8호실 사람들의 처우가 조금이라도 나아지길 간절히 바랐다.

　나는 미즈노 정무총감의 명함을 챙기는 걸 잊지 않았다. 조선 총독부를 나와, 곧장 서대문 형무소로 달려갔다.

　나는 미즈노 정무총감의 명함뿐 아니라 경무국장 마루야마의 명함도 내밀었다.

　"내가 이 두 사람과 얼마나 절친한 사이인 줄 아시오?"

　"아…… 그렇습니까?"

　형무소장은 명함을 보더니 쩔쩔매기 시작했다. 하지만 형무소에서 고문이나 학대, 그런 일은 절대 없다고 시치미를 딱 잡아뗐다.

　"그럼 노순경 간호사를 내게 직접 보여 주시오!"

　노순경 간호사는 간수의 부축을 받으며 왔다.

　노순경 간호사는 나를 보고도 말도 하지 못하고 축 늘어져

있었다.

"여기서 그런 것이 아닙니다. 경찰에서 한 짓입니다. 우리 책임이 아닙니다."

'오오– 주님…… 부디 노순경 간호사를 돌보아 주옵소서.'

나는 형무소장에게, 간수들에게 아무런 항의조차 못 했다. 그냥 잘 부탁드린다고, 잘 좀 보살펴 달라는 말만 계속했다.

나는 어깨가 축 늘어진 채 형무소를 걸어 나왔다.

그 뒤로 나는 주마다 한 번씩 서대문 형무소를 찾아갔다. 비록 면회할 수는 없었지만, 8호실 사람들 안부를 물었다.

"밥을 잘 주고 있습니까?"

"방에 불은 잘 넣어 주고 있습니까?"

"혹시 누가 다치지는 않았습니까?"

형무소 사람들은 나만 보면 질색을 했다.

도쿄 선교사 대회에 가다

인생에는 두 길이 있다.
배려의 길과 기도의 길이다.

나를 담당하는 일본 형사가 생겼다.

이름은 오호이시였다. 오호이시는 시도 때도 없이 불쑥불쑥 찾아와 이것저것 물었다.

"당신은 대일본제국의 친구요?"

"기독교인은 모든 인류와 친구입니다."

"조선인들이 시위하도록 왜 부추기는 거요?"

"내가 언제 뭘 어떻게 부추겼다는 거요? 자기 나라를 찾겠다고 만세를 부르는데, 내가 하지 말라고 한다고 안 하고, 하라고 한다고 하겠소?"

"어제는 누굴 만났소?"

"아니 내가 누굴 만나는지 그걸 왜 당신한테 보고해야 한단 말이오!"

정말 지겹고 성가셨다. 아무짝에도 쓸데없는 말들만 주고받았지만, 대답은 항상 신중해야 했다. 잘못해서 꼬투리라도 잡히면 없는 죄를 만들어 날 추방할 수도 있기 때문이었다.

일본은 학교에 나를 해고하도록 압박을 넣었다.

에이비슨 박사는 적극적으로 막아 주었지만, 결국 나 때문에 전체 교직원 회의가 열렸다.

동료 선교사들과 교수들은 나에게 일본이 싫어할 행동을 하지 말라고 했다.

"지금 학교 존립 자체가 위협을 받고 있다는 건 아십니까?"

"스코필드, 우리는 선교 사업과 육영 사업을 위해 여기에 왔습니다. 정치 문제는 관여하지 말았으면 좋겠소."

"그렇소. 정치 문제에 관여할 필요도 이유도 없소."

나는 천천히 입을 열었다.

"저는 정치에 관여한 적 없습니다. 앞으로도 관여하고 싶지 않습니다. 제가 조선의 독립운동을 돕는다고 하시는데, 보잘것없는 저 하나가 대체 누굴 얼마나 도왔다는 겁니까? 예, 형무소 갔다 왔습니다. 차마 눈으로 보고 있을 수 없어 고문하지 말아 달라, 때리지 말아 달라 부탁했을 뿐입니다. 아픈 사람은 치료해 주었습니다. 지금 여러분도 하고 계시지 않습니까? 학교에서, 교회에서 약한 자를 돕고, 악을 물리치라고 우리는 말하고 있습니다. 그게 주님의 뜻이자 가르침이니까요. 어려운 사람들을 돕고, 이웃을 내 몸과 같이 사랑하고, 그래서 그들이 교육받기 원하는 거, 여러분 모두가 바라는 일 아니었습니까? 우리가 왜 이 땅에 왔습니까? 누구를 위해 선교 사업을 하고 있습니까? 일본인을 위해서입니까?"

"……"

모두 아무런 말이 없었다. 그때 학교 회계를 담당하고 있던 오언스 과장이 말했다.

"저는 스코필드 박사의 의견에 전적으로 동의합니다. 우리가 여기서 선교 사업을 하려면 무엇보다 조선 사람이 무엇을 원하는지, 그들이 바라는 소망이 무엇인지 먼저 이해해야 한다고 생각합니다."

에이비슨 박사가 결론을 지어 주었다.

"학교 입장이 곤란하고 어렵다는 거, 말씀하지 않아도 모두 다 잘 이해해 주시리라 믿습니다. 교장인 저로서는 무엇보다 계약 기간이 사 년이고, 특별히 계약 사항을 어긴 것도 아닌데 개인적인 일로 파면을 하는 건 부당하고 생각합니다. 다만 스코필드 박사는 앞으로 좀 개인행동은 조심해 주실 것을 부탁드립니다."

"네, 잘 알겠습니다."

에이비슨 박사는 나를 따로 불러 위로해 주었다.

"스코필드 박사, 올해까진 나도 어떻게 버티겠지만 내년 계약이 끝나면 나도 어떻게 할 도리가 없네. 참 미안하네."

일본은 나를 해고하려는 일이 수포로 돌아가자, 이번에는 나와 알고 있는 사람들을 잡아 가두기 시작했다.

나와 가까이 지내는 학생, 조금이라도 안면이 있는 조선 사람들은 모두 감시하고 잡아갔다. 사람들은 날 만나기를 두려워

했고, 나는 점점 외톨이가 되어 가고 있었다.

1919년 9월 말, 일본 도쿄에서 동아시아 지역 선교사 전체 회의가 열렸다. 조선, 중국, 필리핀, 일본에서 활동하고 있는 선교사 800여 명이 모였다.

각 선교구 대표가 십 분씩 교구 선교 사업을 발표하는 시간이 있었다. 나는 캐나다 장로회 선교구를 대표해서 여기에 모인 선교사들에게 3·1 만세 운동에 대해 발표할 것이다.

3·1 만세 운동은 일본의 방해로 조선은 물론이고 해외 언론에도 전혀 알릴 수 없었다.

나는 3·1 만세 운동에 대해 자세히 보고하기 시작했다. 나는 우스갯소리도 넣어 최대한 재미있게 발표하였다. 발표가 절정에 다다랐을 때, 주어진 십 분이 끝나 가고 있었다.

"여러분, 더 재미있는 이야기가 남아 있는데 시간이 다 되어 이제 그만해야 합니다."

그러자 선교사들이 "계속해, 계속해!"를 외치기 시작했다. 나는 이 모습을 간절히 바랐다. 선교사들이 계속하라고 외치자, 사회를 맡았던 의장이 중재를 했다.

"여러분의 뜻이 그러하다면……."

"노!"

처음부터 회의장을 지키고 있던 일본 형사가 반대하자, 선교사들이 항의하고 나섰다. 의장은 선교사들을 진정시켰다.

"여러분, 조용히 해 주십시오. 스코필드 씨에게 딱 십 분만 더 드리겠습니다. 어쩌면 이 십 분으로 스코필드 씨가 감옥에 가게 될지도 모릅니다. 그러면 여러분께서 석방 운동을 해 주십시오."

의장은 굳은 표정의 일본 형사에게 굽신굽신 허리를 숙이며 잘 부탁드린다고 했다. 선교사들은 의장이 일본인들이 잘하는 인사를 흉내 내는 모습에 웃음을 터뜨렸다.

나는 다시 주어진 십 분 동안, 조선인들이 정말 원하는 게 무엇인지, 또 얼마나 고통받고 있는지를 이야기했다. 나를 바라보는 일본 형사의 눈빛은 칼보다 더 날카로웠다.

그렇게 나는 선교사 대회를 끝마쳤다.

선교사 대회를 마치자마자 나는 서둘러 선교사 대표 자격으로 일본 총리를 만나게 해 달라고 요청했다. 다행히 일본 총리를 만날 수 있었다.

나는 일본 총리에게 진심을 담아 말했다.

지금 조선은 공포와 증오로 가득 차 있다. 일본 정부는 조선과 내선일체만을 고집하는가? 그렇다면 결과는 유혈 혁명일 것이다. 차라리 조선에 자치권을 허락해 달라.

일본 총리는 내 말에 그렇지 않다고 하면서 앞으로 좀 더 지켜보라고 했다. 정말 안일하고 오만한 판단이 아닐 수 없었다.

일본은 조선 사람들을 잘 모르고 있었다. 그러한 생각이 얼마나 많은 희생을 불러올지 끔찍했다.

짧은 면담을 마치고 나서, 나는 일본 총리 비서에게 간단한 기념품을 달라고 했다.

"기…… 기념품 말입니까?"

"네, 총리를 뵈었는데 당연히 기념품이 있어야지요."

"지금 준비된 게 없는데, 어떤 것을…… 원하십니까?"

"총리님과 사진을 한 장 찍었으면 좋겠습니다."

다음 날, 숙소로 총리 사인이 담긴 사진 액자가 왔다.

마음이 복잡했다. 선교사 대회에서 봤던 일본 형사가 찾아왔다.

"당신, 그날 그런 이야기를 한 이유가 뭐요!"

일본 형사는 몹시도 거칠고 단단한 사내였다. 쉴 새 없이 나를 몰아붙였다. 나는 슬쩍 딴짓을 하며 일본 총리와 찍은 사진을 가져 왔다.

"헉, 하라 총리님을 아십니까?"

"아휴, 잘 알지요. 전부터 자주 찾아뵈었는데요. 어제도 일본에 온 김에 뵙고 왔지요."

"…… 아, 그렇습니까?"

"이왕 온 김에 국회 의장인 가네토 씨도 좀 뵙고, 중의원 의장이신 사카다니 씨도 뵙고…… 사이코 씨도 좀 볼까 합니다."

"아…… 그렇습니까?"

일본 형사가 어찌나 정중한지, 정말 예의 바른 형사로 변해 있었다.

1919년이 저물어 가고 있었다. 숨 돌릴 틈도 없이 많은 일이 벌어진 한 해였다.

1919년 12월. 어김없이 사건이 터졌다. 대한민국 애국부인회 사건이었다. 3·1 만세 운동으로 상해에는 대한민국 임시 정부가 세워졌는데, 상해 임시 정부에 자금을 대기 위해 여성들이 대한민국 애국부인회라는 모임을 만들었다. 이것이 일본 경찰에 발각되고 말았다.

나에게는 남 일이 아니었다. 붙잡힌 김마리아, 김혜경, 정선희, 이정숙 씨는 나와 가깝게 알고 지내는 사람들이었다.

'참, 그렇게 얌전하고 순한 사람들이······.'

나는 평소 모습을 잘 알고 있던 터라 깜짝 놀랄 수밖에 없었다.

'무서웠을 텐데······ 도대체 다들 어디서 그런 용기가 났을까?'

생각해 보면, 조선에서 깨어 있는 사람들은 모두 자기 방식대로 열심히 독립운동을 하고 있었다. 나는 서둘러 대구로 내려갔다.

'추운 겨울, 고생이 심하겠구나.'

대구 형무소에 도착한 나는 수감 중이던 거의 모든 사람을 만날 수 있었다. 다들 고문으로 온몸에 성한 데가 없었다. 나는 울지 않으려고 했으나, 주르르 눈물이 흘러내렸다.

나는 서울로 돌아오자마자 조선 총독부로 가 항의를 하였고, 한 달 뒤 다시 대구 형무소로 갔다.

지난달과는 달리 사람들을 만날 수 없어 명함을 꺼내 들었다. 그러자 형무소장은 씩 웃으며,

"정무총감님께서 박사님이 여기 또 오시면 전에 드렸던 명함을 받아 보내 달라고 하시던군요."

"치사하긴! 준 걸 다시 달라고 하다니."

나는 잠깐 기다려 달라 하고는 명함을 사진으로 찍고 난 뒤에야 돌려주었다. 그리고 나는 다음에 또 대구 형무소에 갔을 때도 명함을 내보였다. 형무소장은 깜짝 놀랐다.

"아니…… 미즈노 정무총감님께서 명함을 다시 주셨습니까?"

형무소장은 명함을 받아들고는 의아해하더니 곧 쓴웃음을 지었다. 지난번에 사진으로 찍은 가짜 명함이라는 걸 알아차린 듯 했다. 하지만 형무소장은 껄껄 웃었다.

나도 따라 웃었다.

"이제 다시 오지 않겠습니다. 그러니 오늘만 사람들을 만날 수 있게 해 주십시오."

1920년 3월 28일 대사면이 있었다. 감옥에 투옥되어 있던 많은 사람이 풀려났다.

일본에 볼모로 잡혀갔던 조선의 영친왕이 일본 황족과 결혼했다는 것이다. 어떤 사람들은 치욕적인 경사라며 감옥에서 나가지 않겠다고 했다.

서대문 형무소에 갇혀 있던 8호실 사람들은 모두 나왔다. 유관순만 빼고. 유관순은 감옥에서 3·1 만세 운동 일주년을 맞아 만세 운동을 다시 벌였다고 했다. 유관순은 만세 운동 주모자로 찍혀 사면 대상에서 빠졌다고 했다.

'16살? 17살이라고 했나. 그 어린 학생이……'

정말 대단한 소녀가 아닐 수 없었다.

나는 유관순이 얼른 자유의 몸으로 나오길 바랐다.

형무소에서 나온 사람들은 마음이 전혀 달라지지 않았다. 오히려 더 민족의식이 강렬해진 듯하였다.

안절부절못하는 일본

교육의 가장 큰 가치는 사람이 '생각'하게 함에 있으니
그 가운데 '정당히 생각'하게 하는 것이 더욱 중요하다.

조선에 온 지 벌써 사 년이 다 되어 간다. 계약 기간도 끝나 가고 있었다.

에이비슨 박사는 안타까워했지만, 나는 더 이상 조선에 머물 수 없었다. 조선에 더 있고 싶었지만, 나는 밖으로 나가 해야 할 일이 있었다.

3·1 만세 운동과 제암리 사건을 전 세계에 알리는 일이다.

하루는 실습에 필요한 것들을 정리하다 보니 밤늦게까지 일을 했다. 나는 밤 열한 시가 다 되어서야 숙소로 돌아왔다.

방에 불이 켜져 있어 무슨 일인가 했는데, 나를 도와주는 유 서방과 옆집에 살고 있는 선교사 모리스가 달려왔다. 유 서방은 선교사 숙소에서 이것저것 필요한 일들을 도와주고 있었다.

"박사님, 큰일 날 뻔했습니다."

"무슨 일인가?"

"아휴, 글쎄 도둑이, 아니 도둑놈이 아닙니다. 이것 좀 보십시오."

내 방 창가에 붙어 있던 철제망이 칼로 찢겨 있었다. 바닥에는 칼이 떨어져 있었다.

"보통 박사님이 아홉 시쯤 오시는데, 오늘은 왜 이렇게 늦나 하고 걱정이 되어서 모리스 선교사님께 여쭤보려고 방을 나섰다가 보니, 요상한 그림자가 휙 지나가지 않겠습니까? 도둑이다 싶어 쫓았는데 놓쳤습니다."

"음……. 쓸 만한 물건 없나 훔치려고 들어온 모양이지, 뭐."

"양복을 입었다고요! 양복을! 어떤 도둑놈이 양복을 입겠습니까? 이건 틀림없이……."

나는 괜찮다며 흥분한 유 서방을 진정시켰다.

"스코필드, 내 생각에도 그냥 평범한 도둑 같지가 않아. 아무래도 자네……. 조심을 많이 해야 할 듯하네."

모리스는 걱정이 가득한 얼굴로 나를 바라봤다.

나도 짚이는 바가 있었다.

항상 날 쫓아낼 궁리만 하던 일본이 내가 고향으로 돌아간다고 하니, 요즘 오히려 안절부절못하고 있었다. 아마도 내가 가지고 있는 수많은 사진과 내 입이 걱정되는 모양이었다.

일본은 내가 조선을 떠나면 외국 언론을 찾아가 무슨 말을 할까? 내가 무슨 행동을 할까? 몹시 불안한 듯했다.

그런 걱정거리를 없애는 가장 쉬운 방법이 나를 없애는 것이라는 걸 알고 있다.

모리스는 호신용 권총을 건네주었다.

"가지고 있게."

나는 멀뚱히 권총을 바라보다 고개를 흔들었다.

"자네 마음은 고맙지만, 이런 건 가지고 있으면 더 걱정이 많아지는 물건일세."

다음날, 모리스는 키우고 있는 개를 데리고 왔다.

"침실 밖에 묶어 놓기라도 하게. 걱정돼서 도저히 내가 잠을 잘 수가 없네."

하지만 모리스의 개는 내 방이 낯설어 그런지 밤새도록 울어댔다.

나는 모리스에게 개를 돌려주었다.

"자네 개 때문에 내가 잠을 못 자겠네."

모리스는 대신 소문을 내주겠다고 했다. 스코필드를 죽이려는 괴한이 침입했다고. 일본이 한 것 같다고. 그럼 만약 나에게 무슨 일이 생기면 일본이 눈총을 받게 될 것이니 일본도 행동을 조심하지 않겠느냐는 것이었다.

나는 그렇게 해 달라고 했다.

한동안 나는 앞으로 내가 해야 할 일, 조선에서 마무리 지어 놓고 가야 할 일들을 생각하느라 늦은 시간까지 쉬이 잠을 이룰 수가 없었다.

어느 날 지붕에서 부스럭거리는 소리가 들려왔다.

밤 열한 시가 넘어가고 있었다.

가만히 침대에 누워 소리를 따라가다 보니 침실 창문이 스

르르 열렸다. 그러고는 창가로 사람의 다리가 내려왔다.

다리는 발 디딜 곳을 찾지 못해 허공에서 위험하게 대롱거렸다. 이 층에서 떨어지면 큰일이겠다 싶었다.

나는 얼른 일어나 그 사람의 발아래에 내 어깨를 대 주었다. 발은 마침내 디딤판을 찾았고, 나는 다리를 얼싸 안아 남자를 방 안으로 들였다.

"누구신지 모르지만 험한 길로 들어오시기에, 제가 안내를 좀 했습니다."

남자는 예상치 못한 상황에 몹시 당황한 듯했다.

"오…… 오마에가 스코피루도까?(다…… 당신이 스코필드요?)"

그리고 날카로운 일본 단도를 꺼내 들었다.

"조선 사람이군요."

남자는 눈동자가 심하게 흔들렸다.

날 죽이려는 게 그 사람의 의지가 아닌 건 분명했다.

"당신한테 필요한 게 돈이라면 돈을 드리겠습니다. 혹 일이 필요하다면 일자리도 알아봐 드리겠습니다. 꼭 제 목숨이 필요하다면 이유에 따라 제 목숨도 드리겠습니다. 그러니 이유를 말씀해 주십시오."

남자는 떨리는 목소리로 말했다.

"왜…… 왜……. 왜 나한테 그딴 소리를 하는 거냐?"

나는 떨리는 발걸음으로 다가갔다.

"저는 조선 사람을 몹시도 사랑하니까요."

"……."

툭!

남자는 단도를 떨어뜨렸다.

"흐흐흑, 죄송합니다. 박사님이 우리 조선 사람들을 많이 도와주고 계신다는 걸 아는데도. 이 몹쓸 놈이 그만 돈에 눈이 어두워서……."

남자는 무릎을 꿇고 앉아 내 바지를 붙잡았다.

"용서해 주십시오. 용서만 해 주신다면 박사님이 시키는 일은 뭐든지 하겠습니다."

나는 잠시 생각했다.

"제가 요즘 정리해야 할 서류가 많은데, 절 좀 도와주시겠습니까?"

"네, 알겠습니다. 제 자랑은 아니지만 타이핑을 잘 칩니다. 그래서 김 타이핑이라고 불립니다."

남자는 호기롭게 외치다가 부끄러운 듯 고개를 푹 숙였다.

"김 서방이시군요. 저는 석 서방입니다."

"미스터 김이라고 불러 주십시오."

저, 꼭 돌아올 겁니다

물질적 진보는 국민적 도덕 곧 예민한 국민적 양심과
함께 존재하지 아니하면 아무런 가치가 없는 것이다.
국민을 진실로 위대하게 하는 것 중 하나는 곧 정의이다.

조선을 떠나야 한다고 생각하니 마음이 한없이 무거웠다.

틈틈이 작성해 두었던 세균학 교재이며, 실험 도구들 누가 봐도 알 수 있도록 잘 정리해 두었다.

사람들을 만나 이별의 정을 나누었다. 조선 사람 친구뿐 아니라 사이토 총독과 미즈노 정무총감도 만났다. 그리고 꼭 만나야 할 사람을 만나러 갔다.

그날 늦은 밤, 날 찾아왔던 이갑성 선생. 이갑성 선생은 3·1 만세 운동으로 서대문 형무소에 갇혀 있었다.

형무소 면회장에서 만난 이갑성 선생 모습은 처참했다.

나는 일부러 더 밝고 쾌활하게 말을 걸었다.

"잘 지내시지요?"

"저야, 늘 평안하게 잘 지내고 있지요. 박사님, 여전히 좋은 모습 뵈니 참 기쁩니다."

형무소에서 평안하게 잘 지내고 있다는 이갑성 선생의 손톱과 발톱은 몽땅 뽑혀 없었다.

"저, 이번에 조선을 떠나게 되었습니다. 계약 기간이 끝났거든요."

"소식…… 들었습니다."

"혼자…… 편안히 나가게 되어 미안합니다."

"……."

이갑성 씨는 슬픈지 말을 잊지 못했다. 나 역시 울지 않으려고 했지만 자꾸만 코끝이 시큰거렸다. 간수가 지켜보고 있었지만, 우리는 주고받아야 할 메시지가 있었다.

우리가 했던 약속, 3·1 만세 운동을 세계에 알리겠다는 말을 눈동자로 주고받았다. 이갑성 선생의 말이 들리는 듯했다.

'고맙습니다. 잘 부탁드립니다.'

'저, 꼭 돌아올 겁니다.'

나는 숨을 크게 들이마시고 환하게 웃었다.

"그러니 어린애처럼 섭섭해하지 마세요. 아셨죠?"

울 것만 같았던 이갑성 선생이 가볍게 웃었다.

숙소로 돌아온 나는 그동안 찍은 사진들을 어떻게 들고 갈지 고민했다.

하나하나 모두 소중한 사진들이다. 그리고 숨겨놓았던 제암리 사건의 기록, 〈끌 수 없는 불꽃〉의 원고 더미를 꺼냈다.

298장. 원고의 부피가 커 쉽게 숨기기 어려웠다.

일본 헌병이 짐을 수색하면 아무래도 뺏길 것이다. 요행만을 바라기에는 너무 위험했다.

나는 잠시 망설이다 타자기 앞에 앉았다. 밤새도록 타자기를 두들겨 똑같은 필사본을 하나 더 만들었다. 그러고는 두꺼운 종이로 감싸고 보자기로 다시 한번 싼 뒤, 세브란스 병원 지하실로 내려갔다.

나는 지하실 바닥을 파고, 그 속에 필사본을 숨겼다. 원본은 뺏기더라도 필사본은 남기 바랐다. 그래서 훗날, 제발 이 시대의 조선 사람이 아니라 먼 후손들이 발견할 수 있길 바랐다.

이 끔찍한 사건은 반드시 알려져야 하지만 지금의 조선 사람들이 사건을 낱낱이 알긴 바라지 않았다.

아니, 절대 그런 일은 없어야 한다. 제암리 사건을 조선 사람들이 알게 되면…… 조선 사람들은 결코 일본인들을 용서하지 않을 테니까.

1920년 4월 1일, 나는 서울역 앞에 섰다.

사 년 전 마중 나왔던 에이비슨 박사님과 세브란스 병원 직원들이 배웅 나왔다. 멀리서 떠나는 나를 지켜보는 일본 형사의 시선도 느껴졌다.

"스코필드 박사……"

다들 내 손을 붙잡고 말을 잊지 못했다.

나는 환하게 웃었지만 울먹거리는 목소리는 어쩔 수 없었다.

"아주 가는 거 아닙니다. 또 올 거예요. 내가 사랑하는 나라, 조선이잖아요."

나는 지팡이를 짚으며 무거운 다리를 옮겼다.

내 다리에는 〈끌 수 없는 불꽃〉의 원고가 칭칭 동여매어 있다. 통 넓은 바지로 감쪽같이 감추어 있었다.

부디 무사히 캐나다로 돌아갈 수 있길 바랐다.

칙…… 이익 푹푹!

기차가 검은 연기를 내뿜으며 플랫폼으로 들어왔다.

"꼭 돌아오겠습니다."

1920년 봄,

나는 그렇게 조선 땅을 떠나 캐나다로 돌아왔다.

나보다 먼저 캐나다로 돌아온 아내가 낳은 내 아들, 프랭크 스코필드 주니어가 벌써 네 살이 되어 있었다.

스코필드 주니어는 귀엽고 영리한 녀석이어서 내 삶의 기쁨이 되어 주었다.

하지만 내 마음은 언제나 조선 땅으로 흘러갔다.

조선에 관한 것은 무조건 좋았고, 나는 늘 조선 사람들에 대한 소식에 목말랐다.

조선에 대한 그리움이 나를 움직였다.

시간이 걸리더라도 나는 다시 조선으로 돌아갈 것이다.

사랑하는 내 나라, 조선으로.

 ## 1920년 이후 스코필드 박사의 활동

캐나다로 돌아온 스코필드 박사는 대학 복직보다 조선의 상황을 알리는 일에 온 힘을 쏟아부었다. 가장 먼저 캐나다와 미국의 신문, 잡지에 찍은 사진과 함께 글이 실기 시작했다.

수백 수천의 조선인이 일본의 총칼 아래서 목숨을 빼앗기고 재산을 약탈당하고 있습니다.
― 미국 언론사에서 보내온 편지에서(1920년)

스코필드 박사는 캐나다에 머무르는 동안에도 한국과의 인연을 놓지 않았다. 1926년 잠시 조선을 다시 방문하였고, 동아일보에 수차례 편지글을 남겼다.

사랑하는 조선 동포에게
나는 정든 조선을 6년 전에 작별하고 사모하는 마음을 잊지 못해 속히 내한하기를 결심하였나이다. 그러나 본래 교원의 생활로 재산의 여유가 없어서 봉급의 일부분씩을 은행에 특별히 저축하였다가 작년쯤 내한을 예정하였으나, 여비의 부족으로 1년을 연기한바 오늘

저녁에 만나게 된 것이외다.

6년간 저축한 돈으로 자동차를 사라는 권고가 있었나이다. 그러나 나는 "자동차를 사랑할 수 없고, 자동차와 이야기할 수 없으니 어찌 마음에 잊히지 않아 아련한 마음이 들 수 있으랴."라고 대답하였더니 필경 나는 조선에 미친 사람이라는 이야기도 들었나이다. 독립에의 희망을 잃지 마십시오.

– 조선 친구에게 보내는 편지에서(1923년)

스코필드 박사가 무사히 가지고 나온 제암리 사건 보고서 〈끌 수 없는 불꽃〉 원고는 영국의 어느 출판사에 보내 출간을 상의하였으나, 출판을 거절당했다.

비록 원고의 내용이 매우 소중한 자료이나 일본과 동맹을 맺고 있는 영국으로서는 국제 관례상 일본의 비인도적 포악상을 폭로할 수 없다는 것이었다. 이에 스코필드 박사는 이승만 박사의 소개로 미국 뉴욕의 플레밍 리벨 출판사를 소개받았다.

플레밍 리벨 출판사는 출판은 하겠으나 출판 비용을 요구했고, 스코필드 박사에게는 그럴 만한 경제적 능력이 없었다. 그래서 미국 선교회를 찾아가 도움을 요청했으나, 출판하면, 일본이 선교 사업을 방해할지 모른다며 거절당했다.

스코필드 박사는 좌절하지 않고 원고의 내용을 단편적으로 잡지에 발표하면서 훗날 발간을 기약했으나, 안타깝게도 플레밍 리벨 출판사에 맡겨 놓았던 원고는 결국 사라져버렸다.

• **제암리 사건**

　1919년 4월 15일 수원 발안 장날 만세 시위에 대한 보복으로 아리타 도시오[有田俊夫] 일본 육군 중위는 무리의 군인을 이끌고 마을에 들어온다.

　지난 장날 만세 시위 때 무리하게 진압한 것에 대해 사과하겠다면서 사람들을 교회에 모이게 한다. 그러고는 빠진 사람이 없는지 출석까지 부른 후, 교회 문을 닫고 불을 질렀다.

　창을 통해 탈출하려는 사람들에게는 총을 쏘며, 마을에 불이 난 것을 보고 놀라 달려온 여인까지 모두 죽인 후 마을을 모조리 불태웠다. 이때 교회당 안에서 죽은 사람이 23명, 뜰에서 죽은 사람이 6명이었다.

　스코필드 박사는 많은 강연과 언론사 기고를 통하여 해외에 조선을 알렸고, 이에 따라 많은 사람이 조선이라는 나라와 3·1 만세 운동이 어떠한 민족 운동이었는지 알게 되었다.

　스코필드 박사의 강연으로 누구보다 힘을 받은 사람은 해외에 있는 우리 교포들이었다. 교포들은 고국의 소식에 늘 목말라 했고, 박사의 강연에 힘과 위로를 얻었다며 스코필드 박사에게 앞으로 어떻게 할지 다짐과 감사 편지를 보내왔다.

  40여 년간 수의학 학자로서 스코필드 박사는 많은 업적을 남겼다. 1952년에는 독일 뮌헨 루트비히 막시밀리안대학교에서 명예 수의학 박사 학위도 받았다. 또한 1954년에는 캐나다 수의학협회에서 수의학협회 세인트엘루아 훈장을 받았으며, '국제 수의학회상'을 받기도 했다.

  지금도 스코필드의 모교인 토론토대학교 온타리오 수의과대학 먹너브 기념도서관에는 스코필드 박사의 초상화가 걸려 있다.

  스코필드 박사는 은퇴한 뒤에도 캐나다에서의 안락한 노후를 포기하고, 다시 한국에 들어와 서울대 수의과에서 교편을 잡았다.

  당시 한국 사정은 열악했다. 고아와 수많은 실업자가 넘쳐나며 정치적으로는 불안했다.

  스코필드 박사는 학생들을 가르치며 보육원과 직업학교를 지속적으로 도왔다.

  우리 사회의 독재와 부정에 대해 날카로운 비판을 아끼지 않았는데, 정부의 압박에도 스코필드 박사의 의지는 조금도 꺾이지 않았다. 한때 몸담았던 한국 교회의 부패를 몹시도 통탄해하는 글을 쓰기도 했다.

"과거 일제강점기의 한국 교회는 부패하지 않았는데, 현재의 한국 교회는 부패했습니다. 일제강점기와 해방의 혼란기, 6·25전쟁과 독재 정권, 미국 원조물자의 유입 등을 거치면서 교회는 권력과 정부 안에 이권을 추구하는 야심가들의 이용거리가 되어버렸습니다.

세속적인 부패 세력에 침투당하여 영혼에 대한 사명을 망각하여 교회의 능력과 정직한 사람들이 교회에 대해 품고 있는 온정과 존경을 잃어버렸습니다. 그러나 이 모든 잘못에도 불구하고 신자들은 주의 교회를 함부로 비난하지 말고 용기와 겸손을 가지고 기도하며 속죄받기 위해 힘써 일해야만 합니다."

— 〈기독교 사상〉 (1961년 3월호)

스코필드 박사는 남은 생애 동안 3·1운동 정신을 강조하며 한국 민주주의의 발전을 위해 수많은 강연과 저술 활동을 펼치다가 1970년 4월 12일 81세로 서거했다. 장례는 광복회 주최로 사회장으로 치렀으며, 유해는 외국인 최초로 현충원 국립묘지 애국지사 묘역에 안장되었다.

"1919년 당시의 젊은이와 늙은이들에게 진 커다란 빚을 잊지 마십시오.

이 몇 마디는 내가 오늘의 한국 청년들에게 해 주고 싶은 말이다.

국민은 불의에 항거해야만 하고 목숨을 버려야 할 때가 있다. 그래야 일종의 노예 상태에서 해방되고 조금은 광명을 되찾을 수 있을 것이다."

— 스코필드 박사 병상 단상록에서

석호필 박사 연표

석호필(石虎弼, Frank William Schofield, 1889. 3. 15~1970. 4. 12)

1889년 ○ 영국 워릭셔주의 럭비시에서 3남 1녀 중 막내로 태어남.

1897년 ○ 아버지가 교편을 잡고 있던 선교 대학인 클리프대학에서 한국 유학생 여병현 씨와 만나 처음으로 한국과 인연을 맺음.

1905년 ○ 고등학교를 마치고 농장에서 조수로 일함. 이때 노동자에 관심을 갖게 됨.

1907년 ○ 새로운 교육의 기회를 잡기 위해 혼자 캐나다로 이민을 떠남. 클라크 농장에서 일하면서 가축과 수의학에 관심을 갖게 됨.

1910년 ○ 캐나다 토론토대학교 온타리오 수의과 대학 재학 중에 과로로 소아마비를 앓음. 소아마비로 왼팔과 오른 다리를 절게 됨.

1911년 ○ 수의학 박사 학위를 취득함.

1913년 ○ 피아노를 전공한 엘리스와 결혼함.

1914년 ○ 모교 토론토대학교에서 세균학 강사로 학생들을 가르치기 시작함.

1916년 ○ 11월 캐나다 연합 장로교 의료 선교사로 아내 엘리스와 함께 조선에 옴. 당시 세브란스 의학전문학교에서 세균학과 위생학을 4년 동안 가르치기로 계약함. 목원홍 선생을 만나 조선 말을 배우고, 한국 이름을 석호필로 지음.

세브란스 의학전문학교 수업(1916년)

1917년 선교사 자격 획득을 위한 한국어 시험에 합격함.
아내 엘리스가 병을 얻어 캐나다로 돌아감.

목원홍선생과 함께(1916년)

1919년 민족대표 33인 중 한 사람인 이갑성 선생의 부탁으로 3·1 만세 운동을 촬영함.

4월 화성 제암리, 수촌리 사건 현장을 기록함.

일제의 방화로 재가 된 수촌리(1919년)

- 5월 서대문 형무소에 유관순 등이 수감된 여자 감방 8호실 방문함.
- 9월 도쿄에서 열린 〈동아시아 지구 파견 기독교 선교사 전체 회의〉에서 3·1 만세 운동에 대해 알림.
- 11월 대구 형무소에 투옥된 대한민국 애국부인회 사람들을 방문함.

1920년
- 4월 한국을 떠남. 캐나다와 미국에서 한국에 대해 알리고, 《끌 수 없는 불꽃》을 출판하려 했으나 뜻을 이루지 못함. 그 뒤로 강연과 언론사에 투고하여 3·1 만세 운동과 제암리 사건을 알리는 데 힘씀.

1926년
- 잠시 한국에 와, 〈조선의 친구여〉라는 글을 동아일보에 게재하고 한국과의 인연을 계속 이어감.

1952년
- 독일 뮌헨 루트비히 막시밀리언대학교에서 명예 수의학 박사 학위를 받음.

1958년
- 대한민국 정부의 초청으로 우리나라를 방문하여, 서울대 수의과대학에서 학생들에게 병리학을 가르침.
  대구를 방문했을 때 손가방을 잃어버리면서 3·1 만세 운동 사진 수십 장이 사라짐.

서울대학교에서 강의하는 스코필드 박사(1960년)

1959년 | 한국에 살기로 결심하고, 캐나다로 돌아갔다가 9월에 돌아옴. 스코필드 기금을 설치함. 한국에 머물면서 보육원 두 곳과 직업학교를 돕고, 중고등 학생들에게 영어 교육 봉사 활동을 함.

1960년 | 4·19혁명을 격찬함. 대한민국 문화훈장을 받음. 4월 28일 "의, 용기, 자유의 승리"를 동아일보에 게재함. 이 뒤로도 기회가 있을 때마다 3·1운동 정신을 이야기하고, 한국의 인권 신장과 민주화를 위한 강연과 언론 기고를 꾸준히 함.

1968년 | 3월 1일 대한민국 건국공로훈장을 받음.

건국공로훈장을 받은 스코필드 박사(1968년)

1969년 | 3월 1일 3·1운동 50주년 기념식에 참석함.

1970년 | 4월 12일 국립중앙의료원에서 영면에 듦. 외국인 최초로 현충원 국립묘지 애국지사 묘역에 안장됨.

장례식 모습(1970년)

 스코필드 박사가 만난 인물들

올리버 에이비슨(Oliver R. Avison, 한국명 어비신(魚丕信), ?~?)
캐나다 선교사이자 의사, 교육자로, 1893년(고종 30)에 부인과 함께 조선 최초의 병원 광혜원(廣惠院)의 경영을 맡았다. 1904년에 광혜원을 세브란스 병원으로 개편하였다. 1917년에 세브란스 의학전문학교를 창립하고, 연희전문학교에서 수학과 자연과학을 가르쳤다. 한국의 개화기 교육 발전에 공헌하였다.

여병현(呂炳鉉, 1867~?)
황해도에서 태어났으며, 1895년 박영효가 선발한 유학생으로 일본과 미국에서 공부하였다. 1896년 영국 클리프대학에서 2년간 공부를 하였다. 이때 스코필드 박사를 인연을 맺게 된다. 1899년 귀국하여 배재학당에서 교사로 재직하였고, 영국 영사관에서 통역관으로 활동하였다. 한국의 기독교청년회(YMCA) 창설을 주도하는 등 대한제국 말기 국민 의식을 고취하는 데 힘썼다.

이갑성(李甲成, 1886~1981)
독립운동가로, 1915년 세브란스 의학전문학교를 졸업하였다. 1919년 청년층을 대표한 최연소 민족대표 33인 가운데 한 사람이다. 3·1운동으로 옥고를 치렀으며, 1931년 신간회 사건으로 상해로 망명하였다. 1962년 건국훈장 대통령장을 받았다.

김정혜(金貞惠, 1868~1932)
여성 교육자로, 본성은 남원 양씨(南原梁氏)이다. 11세에 출가하여, 14세에 남편과 사별하였다. 1908년에 개성 송계학당(松桂學堂)을 인수하여 같은 처지에 있는 여성 10여 명을 모아 미국 선교사에게 신학문을 배우도록 하였다. 같은 해에 기독교인이 되어 김정혜로 이름을 바꾸었다. 1910년 정화(貞和)학교를 설립하여 여성 교육에 힘썼다. 스코필드 박사를 수양아들처럼 대했고, 스코필드 박사는 김정혜를 어머니처럼 따랐다.